AF562945

L40b
551

DISCOURS

Prononcé à la Société des Amis de la Constitution,

Par M. de PEYSSONNEL.

* * *
* *
*

A PARIS.

Chez GATTEY, Libraire au Palais-Royal, N°. 14.

1790.

DISCOURS

Prononcé à l'Assemblée de la Société des Amis de la Constitution,

Par M. DE PEYSSONNEL,

Le mercredi 10 Mars 1790.

DES nuages épais s'élèvent de toutes parts, et couvrent depuis quelque tems l'horizon de l'Europe. La guerre entre les trois Empires, les succès des Autrichiens et des Russes, dans leur seconde campagne contre les Turcs, l'insurrection du Brabant, et sur-tout, l'état languissant de l'Empereur Joseph II, les ont accumulés; la mort de ce monarque va faire sortir de leur sein des tempêtes et des orages, dans lesquels plusieurs puissances de l'Europe pourront se trouver envelopées; la sûreté et le repos de la France peuvent être compromis, mon zèle a déja depuis un an, donné l'éveil à la nation, par la publication de mon dernier ouvrage. Il est tems que je renouvelle mes efforts pour fixer son attention sur un objet pour lequel il seroit infiniment dangereux qu'elle marquât une plus longue insouciance.

Il est tems que je développe à ses yeux la perspective des dangers qui la menacent, et que j'indique les moyens de les écarter.

Pendant le dépérissement gradué de la santé de Joseph II, les grandes puissances de l'Europe étoient en attente; spectatrices immobiles d'une grande scene, elles voyoient, sans impatience approcher le dénouement, et couvoient en silence des projets, que la mort de ce prince va faire éclore.

Les revers que l'empire Ottoman avoit éprouvés à la fin de la dernière campagne, la perte d'une bataille, celle des trois importantes places d'Okzakow, de Belgrade et de Bender, de toute la Moldavie, de la Walaquie entière, et d'une grande portion de la Croatie, et de la Servie; l'inexpérience des généraux, qui commandoient ses troupes, la terreur qui avoit frappé ses armées, la consternation répandue dans sa capitale, tout présentoit aux amis de cette puissance, le tableau le plus effrayant, et leur auroit fait présager sa chûte prochaine ; si le Divan, encouragé par l'Angleterre et par la Prusse, n'avoit eu assez de courage et de fermeté, pour rejetter la proposition d'une paix qui, dans de pareilles circonstances, n'auroit pu être que ruineuse et déshonorante ; s'il n'avoit mieux aimé courir les hazads d'une troisième campagne pour laquelle il a déja fait les plus formidables préparatifs ; s'il n'avoit eu enfin, assez de jugement pour se convaincre que le sort de l'empire Turc ne dépendoit pas entièrement de son fait, mais qu'il étoit pleinement subordonné à la situation des ses ennemis, et aux dispositions de ses alliés.

En effet, la Russie, épuisée par ses succès, n'avoit plus, ni hommes, ni argent, ni crédit ; malgré le pompeux étalage qu'elle ne cessoit de faire dans les gazettes de son immense population, de ses forces, de ses richesses, des traits de magnificence de sa souveraine, envers les généraux, les officiers, et les soldats ; elle ne pouvoit faire ses recrues qu'avec la plus grande difficulté son numéraire étoit infiniment rare ; son papier perdoit quarante pour cent dans ses états, et soixante-dix pour cent au-dehors, et toutes les caisses étrangères étoient fermées à ses emprunts.

Joseph II marchoit à grands pas vers sa tombe, et ne pouvoit tarder de terminer sa turbulente carrière; il étoit à présumer que le successeur de ses états héréditaires, auroit besoin de réunir toutes ses forces et tous ses moyens pour faire tomber sur lui le choix des électeurs, et ne pas laisser sortir de sa maison la couronne impériale. On devoit croire qu'il s'estimeroit trop heureux d'acheter par de grands sacrifices la paix avec les Ottomans, et que si la vie de l'Empereur se prolongeoit même jusqu'au printems, ce monarque ne pourroit soutenir, ni peut-être même ouvrir une troisième campagne. La défection des Pays-Bas, que l'on devoit regarder comme à jamais perdus pour lui, diminuoit ses revenus de quarante millions, et ses forces militaires, de trente mille hommes; menacé d'une insurrection en Hongrie, en Bohême et dans le Milanois, il pouvoit à peine recruter l'armée de 90,000 hommes qu'il avoit annoncée dans les papiers publics, pour la campagne prochaine; ses finances étoient si délabrées, qu'il méditoit de mettre en vente ses mines de Kremnitz, pour se procurer cette dernière ressource; il avoit tout à craindre de ses ennemis, et rien à espérer de ses alliés.

Dans une position aussi affligeante, quelle étoit

en effet la puissancce qui auroit pu venir à son secours ?

Le roi de Prusse avoit le plus grand intérêt à détacher les Pays-Bas de la domination Autrichienne, pour affoiblir d'autant l'Empereur, son ennemi naturel, et pouvoir plus facilement faire une diversion en faveur des Ottomans, qu'il ne lui convient en aucune maniere de laisser entièrement anéantir. Ses préparatifs devoient faire soupçonner le projet formé d'entrer en Bohême, et en Silésie, et de mettre aux prises, avec les Russes, la république de Pologne, qui avoit déja une armée de soixante-six mille hommes, et se proposoit encore de l'augmenter. Il étoit d'ailleurs assez connu que l'insurrection du Brabant, suscitée par la Stadthouderine, sœur du roi de Prusse, étoit favorisée par ce prince, qui, pour remplir le vœu de sa sœur, avoit assez manifesté le désir de se réunir à l'Angleterre, pour rendre son beau-frere despote des Provinces-Unies, lui faire obtenir le titre royal, et joindre peut être, les Pays-Bas-Autrichiens, à cette nouvelle monarchie, pour lui former un plus honnête arrondissement.

L'Angleterre cimentoit sourdement une triple alliance avec le roi de Prusse et le Stadthouder, pour soutenir la considération des provinces

Belgiques; elle étoit d'un autre côté, entièrement vouée aux Ottomans, desquels elle espéroit obtenir quelque possession dans l'Archipel, qui la rendît dominatrice de la méditerrannée, et maîtresse absolue du commerce du Levant, et si elle s'étoit réunie à la Prusse, pour négocier une paix entre les trois empires, ce n'auroit pu être que dans la vue d'imposer aux Autrichiens et aux Russes, par une médiation aussi puissante, des conditions entierement favorables aux Ottomans. Ses dispositions envers la France étoient, comme elles le sont encore, problématiques. Le retour du Prince de Galles, vers le roi, son père, devoit naturellement abatre le crédit de Pitt, et relever celui de Fox; cet événement annonçoit un prochain changement de systême; quelques armemens faits par les Anglais, ſous divers prétextes, pouvoient faire soupçonner des intentions hostiles, desquelles on n'avoit cependant aucune certitude.

La Russie en guerre au Nord avec les Suédois, au Midi, avec les Turs, menacée à l'Occident, par les Polonois, auroit bien pu prolonger son alliance offensive avec l'Autriche, continuer de concert avec elle, la guerre contre les Turcs; mais elle ne lui auroit certainement pas fourni les secours d'hommes et d'argent qui lui manquoient à elle-même, pour une troisieme campagne, dont les Turcs étoient très-décidés à risquer les événemens.

La France avoit certainement l'intérêt le plus grand à empêcher les Pays-Bas de rentrer sous la nomination Autrichienne ; à soutenir leur indépendance, & leur considération ; à contracter une alliance étroite, avec une république, qui garderoit ses frontières; à empêcher enfin qu'aucune puissance ne s'emparât de son domaine ; parce que le souverain quelconque qui se seroit rendu maître du Brabant, dont l'empereur avoit demantelé toutes les places, auroit voulu en bâtir ou en conquérir de nouvelles, pour se former des barrières, & que nous n'aurions pas été sans crainte pour nos places de première ligne, dans la Flandre Françoise & dans le Hainaut ; si l'empereur avoit formé, comme on l'a cru un moment, la prétention de faire regarder l'insurrection des Pays-Bas comme une aggression, et qu'il a voulu réclamer de la France le *casus fœderis*, et le secours de vingt-quatre mille hommes, ou du subside pécuniaire, stipulé par les traités de Versailles de 1756, 57 et 58, la France auroit été en droit de répondre, qu'une insurrection intestine, quand même les provinces révoltées se donneroient à une autre puissance, ne sauroit être envisagée comme une aggression du genre de celles qui pouvoient autoriser l'empereur à se prévaloir des conditions du traité; parce que c'étoit à lui à contenir ses propres sujets dans les termes de la fidélité et de l'obéissance. D'ailleurs, quand même le ministre auroit voulu, dans la position momentannée de la France, persister dans le systême pervers qu'il suit avec une inconcevable opiniâtreté depuis trente ans, peut-on se persuader que l'assemblée nationale eût jamais consenti à engager une guerre générale, pour soutenir une alliance désastreuse qui a causé tous les malheurs de la monarchie? à faire le développement de forces suffisant pour étançonner le colosse impérial chancelant, pour restaurer l'édifice de la puissance Autrichienne prêt à s'écrouler? et à lui fournir des secours qui auroient été autant d'armes contre nous dans un changement de systême devenu prochain et inévitable? Si le ministre, dis-je, avoit voulu s'obstiner encore à épuiser la France pour maintenir une alliance qui lui a déjà coûté si cher, il auroit peut-être fini, le dirai-je? Par provoquer un décret du pouvoir législatif, qui auroit ôté au pouvoir exécutif le droit de la guerre, de la paix et des alliances.

D'ailleurs la conduite du roi de Prusse sembloit devoir nous affranchir de la prestation de secours que l'empereur, sous prétexte d'une aggression, auroit pu réclamer.

Le roi de Prusse en protégeant l'insurrection des Liégeois, étoit en contravention manifeste au décret de la chambre de Wetzlar, qui lui avoit ordonné de faire marcher des troupes pour rétablir l'évêque prince de Liège dans tous ses droits. Ce monarque pouvoit, en vertu de l'article VI. de la bulle d'or, se faire mettre au ban de l'empire sur la réclamation suscitée du plus petit prince d'Allemagne, et engager ensuite la ligne Germanique, sur laquelle il a la plus grande influence, à faire rendre par la chambre de Wetzlar un autre décret qui ordonnât à l'empereur d'employer les forces nécessaires pour le ramener, lui roi de Prusse, à la soumission due par un membre du corps germanique, aux loix et aux décrets de l'Empire. Si l'empereur avoit résisté à ce décret, il auroit été déchu de la couronne impériale, et les électeurs auroient été en droit de s'assembler et de procéder à l'élection d'un nouvel empereur; s'il avoit obéi, il seroit devenu l'aggresseur forcé du Roi de Prusse et n'auroit plus été autorisé à nous demander la prestation de secours stipulés par les traités. Cette intention du roi de Prusse n'étoit pas certaine; mais sa marche l'indiquoit, et ses mouvemens étoient assez prononcés pour en donner la plus forte présomption.

Le désir qu'avoit l'électeur Palatin de servir l'empereur, étoit manifeste ; mais son secours n'étoit pas suffisant pour l'aider seul à reconquérir les Pays-Bas.

Le Landgrave de Hesse-Cassel offroit au contraire aux patriotes Brabançons 12000 hommes ; ce secours accepté d'abord avec empressement et reconnoissance, avoit été ensuite refusé par la crainte que ce prince ne voulut faire entrer ses troupes dans les provinces Belgiques, pour faire revivre les droits de Reygnier de Hainaut, auteur de la maison de Hesse, et des anciens ducs de Brabant, qui possedoient ce duché dans le dixième siècle.

Le duc de Brunswick retiré dans ses états, affectoit l'abandon des affaires ; faisoit quitter l'uniforme à ses fils ; paroissoit s'occuper du soin de rendre sa cour brillante et agréable, d'y appeller le luxe et les plaisirs, peut-être vouloit-il, par cette comédie, cacher ses vues particulières sur le Brabant, ou les grands projets dont on pensoit que le roi de Prusse alloit lui confier l'exécution.

Tel étoit, Messieurs, l'état de l'Europe au dernier soupir de Joseph II. ce monarque vient enfin d'achever de mourir ; je laisse à la plume impartiale de l'histoire, le soin de l'inscrire dans la trop courte liste des héros, ou dans le catalogue trop nombreux des tyrans, je m'interdis également l'éloge et le blame, je ne veux ni donner à son ombre l'encens de la louange, ni répandre sur sa cendre le fiel et l'amertume du reproche; il n'est plus : je vais jetter un coup d'œil rapide sur les changemens que sa mort peut occasionner. Cet évènement est encore trop récent pour avoir pu causer de grandes variations dans le tableau que je viens de tracer. Rien ne se développe encore; rien ne perce; les projets des cours sont encore ensevelis dans le silence des cabinets; les trois empires, la Prusse, la Pologne, la Suède, la Hollande, la Savoie, sont en armes; l'Angleterre vient d'obtenir de son parlement de nouveaux subsides pour les armemens extraordinaires que les circonstances pourroient exiger; elle a déja fait filer par Ostende des troupes dans les Pays-Bas, tout est en état de guerre; et la France tranquille, paroît envisager d'un œil indifférent, ces formidables préparatifs, et tout annonce que nos ministres dans un péril aussi imminent, n'ont encore imaginé d'autre moyen que de resserrer les liens de l'alliance Autrichiennne. Oui, Messieurs, je le répète, tout annonce qu'ils ont déja pris dans le conseil des Tuileries cette dangereuse résolution ; et pour vous en convaincre vous n'avez qu'à suivre de près leurs démarches.

L'explosion générale, les grands mouvemens dependent des arrangemens que le roi de Bohême va prendre avec la Prusse et l'Angleterre, et de la force du *veto*, que les autres puissances pourront mettre à leurs pactes et à leurs conventions. Plusieurs problêmes dans ce moment-ci, exercent la sagacité et les calculs des spéculateurs politiques les plus éclairés ; les grandes puissances de l'Empire et de l'Europe voudront-elles qu'il soit procédé à l'élection d'un empereur, ou abolir la couronne Impériale, et une dignité qui depuis trop long-temps pèse désagréablement sur le corps Germanique ? si elles se décident à les conserver, le choix tombera-t-il sur le roi électeur de Bohême, sur celui de Saxe, ou sur l'électeur Palatin ? et si le nombre des électeurs qui se trouve, dans ce moment-ci, produit dans le collège électoral égalité de voix, qu'elle sera celle qui fixera l'élection, et fera pencher la balance ? si les grandes puissances se déterminent au contraire à renverser à jamais le trône impérial, laisseront-elles subsister la république fédérative d'Allemagne, sans chef, ou voudront-elles anéantir la féodalité Germanique ? Se diviser entr'elles la vaste surface de cet immense partie du continent ?

et dans cette hipothèse comment s'exécutera le partage?

La France pourroit-elle, messieurs, demeurer étrangère à aucune de ces résolutions, ne doit-elle pas prendre les mesures les plus promptes et les plus certaines, pour qu'aucune ne puisse s'effectuer sans son influence, son concours, et sa sanction.

On soupçonne que le roi de Bohême s'est déja jetté dans les bras de celui de Prusse et lui a offert les plus grands sacrifices, tels que la rénonciation à l'alliance de la Russie, et la cession de quelques états qui peuvent exciter sa cupidité pour qu'il veuille bien lui négocier une paix particulière et avantageuse avec les Ottomans; engager la Porte à lui abandonner la rive gauche du Danube; conserver la couronne impériale à sa maison et lui faire recouvrer les provinces belgiques. On assure, et il est à peu près certain, que ce prince a en même-tems négocié avec l'Angleterre pour obtenir d'elle qu'elle interpose de concert avec le roi de Prusse, sa médiation pour lui procurer dans son traité de paix avec les turcs, les avantages qu'il ambitionne; et qu'elle lui accorde son secours pour l'aider à reconquérir les Pays Bas; il lui fait pour la tenter, l'offre si séduisante pour une puissance commerçante de permettre la libre entrée de toutes ses marchandises dans tous les états de sa domination.

La France ne doit-elle pas se prémunir contre ces événemens tous possibles, et tous pour elle, également contrarians. Il ne lui convient en aucune manière, ni que les turcs soient sacrifiés dans la négociation du traité de paix, ni que la couronne impériale se perpétue dans la maison d'Autriche, ni que les Pays-Bas rentrent jamais sous sa domination.

Mais l'intérêt le plus instant pour la France, Messieurs, est l'état actuel du Brabant, dont le sort est encore très-incertain. Cet objet est pressant, urgent, inajournable, tout exige qu'on s'en occupe sans le moindre délai, et que l'on y apporte la plus sérieuse attention. La confédération belgique est aujourd'hui désunie et divisée en trois parties ; le clergé vote pour la conservatiou des états ; la noblesse voudroit avoir pour souverain un prince de la maison d'Autriche, et le peuple demande à grands cris une assemblée nationale, et l'organisation françoise, que la ville de Malines et son territoire ont dèja adoptée et mise en exécution. Les Etats se sont arrogé la souveraineté, mais le peuple devenu le plus fort la révendique,

MM.

MM. Vandernot et Vaneupen pressés par le pouvoir prédominant du parti populaire, se sont vus contraints, pour calmer le peuple, de faire afficher par-tout un placard dans lequel ils déclarent en subſtance, que la souveraineté n'a été exercée par les états provisoirement, qu'au nom du peuple, qu'ils reconnoissent que c'est en lui seul qu'elle réside, et qu'on lui donnera une satisfaction complette sur tous les points de son manifeste et sur toutes ses prétentions. Mais dans le même tems, les états ont expédié en France un gentilhomme nommé M. le comte de Tienne, avec la mission probable et même connue de solliciter, de prier l'assemblée nationale de reconnoître, non l'indépendance des provinces Belgiques, mais la souveraineté des états. L'assemblée ne doit certainement pas balancer d'ouvrir les paquets dont cet émissaire est porteur parce que les représentans assemblés d'une nation souveraine, ne doivent douter de rien, ni se laisser arrêter par aucune considération. Mais elle doit se tenir parfaitement en garde contre une proposition captieuse, contre un vœu criminel auxquels, sans s'exposer au plus grand danger, elle ne sauroit condescendre.

La grande scene de l'insurrection des Pays-

Bas, messieurs, est susceptible de divers dénouemens.

Il peut arriver que l'Angleterre fasse acheter à la confédération belgique la reconnoissance de son indépendance, et ses bons offices envers la Hollande et la Prusse, par la cession du port d'Ostende, pour laquelle elle a déja fait des ouvertures et même de pressantes sollicitations. On peut aisément imaginer à quel point seroit nuisible au commerce et à la navigation de la France, la propriété et la jouissance du port d'Ostende données aux anglais ; elles feroient tomber entièrement notre port de Dunkerque, et la plupart de ceux de nos côtes septentrionales sur l'Océan.

Il pourroit se faire également que les patriotes hollandois, encouragés par l'exemple des brabançons, reprissent leur courage et leur antique énergie, proposassent aux Pays-Bas de se joindre à eux pour le renversement du Stadthouderat, invitassent à une coalition les Provinces Belgiques dépendantes de la France, et formassent par leur réunion, sur nos frontières et à notre porte, un état puissant, dont l'existence pourroit devenir très-gênante pour nous.

Le roi de Prusse paroît avoir formé depuis

long-tems le projet de soustraire à jamais les Pays-Bas, à la domination Autrichienne, pour diminuer la puissance de son ennemi naturel. Les démarches antérieures de ce prince, son entrée en Hollande, les violences exercées contre le parti patriote, ont assez manifesté le désir qu'il nourrit de rendre le Stadthouder, son beau-frere, despote des Provinces-Unies; envain espéroit-on que l'Angleterre ait étouffé le ressentiment de la perte de ses Colonies, dont la France a favorisé la défection? envain se flatteroit-on qu'elle soit assez généreuse pour ne pas saisir les occasions de diminuer les forces de sa rivale. Les indices les plus frappans doivent faire présumer, de sa part, le ferme projet de profiter des dispositions du roi de Prusse, et de seconder l'intention que l'on peut supposer à ce monarque, de soumettre à son beau-frere les Provinces-Unies, de faire subir à la confédération Belgique, le joug du Stadthouder, et de conquérir encore pour lui la portion des provinces Belgiques, qui sont sous la domination de la France. Les indices les plus frappans, je le répete, doivent nous faire soupçonner que l'Angleterre se prêtera toujours au vœu que peut avoir formé le roi de Prusse, de créer, par la réunion de toutes les provinces

Belges et Bataves, sous les loix d'un même souverain, une monarchie formidable, qui pourroit balancer les forces de terre, de la France, et lui laisser à elle, Angleterre, la faculté d'attaquer, au besoin, cette puissance avec toute la supériorité de ses forces maritimes.

Si le roi de Prusse, au contraire, séduit par les offres éblouissantes du roi de Bohême se décidoit à renoncer, à ses vues, pour l'aggrandissement du Stadthouder, et à remettre le chef de la maison d'Autriche en possession des Pays-Bas, il viendroit porter la guerre sur nos frontières, ramener dans notre voisinage, un ennemi naturel, que nous sommes trop heureux que le hasard en ait écarté, et qui pourroit garantir que les forces de Prusse et d'Autriche, réunies sur nos confins, n'attaqueroient pas la Flandre Françoise, le Hainault, le Cambresis, nos places de première et seconde ligne, et ne feroient pas peut être quelques tentatives sur l'Alsace et sur la Lorraine?

Pour garantir la France de ces diverses catastrophes qui lui seroient toutes également funestes, l'assemblée nationale doit, sans le moindre délai, reconnoître l'indépendance des provinces belgiques, se porter seule protectrice de leur liberté, déclarer dans les termes les plus précis, les plus fortement prononcés et les moins équivoques, que ce n'est point la souveraineté usurpée des états, qu'elle veut et entend protéger, mais la souveraineté légitime du peuple, la seule qu'elle peut reconnoître et avouer, et qu'elle couvre dès cet instant de sa puissante égide. Elle doit cimenter une alliance perpétuelle, indissoluble, exclusive, avec cette nouvelle république, qui deviendra la gardienne naturelle et nécessaire de ses frontières, annoncer à toute l'Europe qu'elle lui accordera le plus ferme et le plus constant appui contre toutes les puissances qui voudroient tenter de lui donner des fers; l'assemblée nationale, dis-je, doit briser, par cette démarche, les liens de l'alliance autrichienne, qui est l'unique source de nos maux et des troubles qui agitent aujourd'hui l'empire françois. Elle doit s'unir plus intimément que jamais, avec l'Espagne, tacher de recouvrer la confiance et l'amitié de la Porte Ottomane, renouer, s'il le faut, les anciennes alliances dans le Nord, et notamment celle de Pruſſe, et braver les événemens.

Mais, me dira-t on peut-être, de simples présomptions, quelque dégré de probalité qu'on leur accorde, doivent elles allarmer assez les représentans de la nation, pour leur faire prendre un parti si sévére, et de si vigoureuses résolutions?

Eh quoi ! faudra-t il donc attendre, pour nous mettre en état de défense, que l'empire soit attaqué dans ses possesions, que l'ennemi soit sur nos foyers, qu'il nous ait enlevé nos places de première ligne, qu'il ait formé une nouvelle monarchie sur nos frontières, et qu'il en ait étendu les limites jusqu'à une distance de quarante lieues de notre capitale ? le seul avis d'un grand péril ne suffit-il pas pour qu'on doive se tenir en garde ?

Oui, Messieurs, ma qualité de citoyen m'impose le devoir sacré de faire appercevoir à l'assemblée nationale, les dangers qui menacent l'empire et que la multiplicité des objets importans, qui l'occupent, dérobe peut-être à sa pénétration. Oui, Messieurs, il est tems qu'elle donne la plus sérieuse attention aux rapports externes prêts à peser sur nous d'une manière accablante, et à aggraver infiniment notre situation. La France doit, sans perdre un instant, profiter de ce respect profond, de ce religieux frémissement, que la majesté de sa constitution a imprimée à toute l'Europe, pour faire un développement formidable de ses forces, pour se mettre dans une contenance imposante, menaçante, capable de faire évanouir les projets hostiles des puissances mal intentionnées ; de lui faciliter, dans le cas du partage de l'Allemagne, les moyens d'étendre, sans coup férir, ses limites jusques au Rhin, qui est sa frontière indiquée par la nature, et d'empêcher le feu de la guerre d'embraser tout le continent.

Je conclus donc, messieurs, que l'assemblée nationale doit être suppliée :

« Premièrement, de former dans son sein, un comité politique de douze de ses membres, les plus éclairés sur cette importante matière ; ce comité sera chargé de se faire rendre, par le ministre des affaires étrangères, un compte exact de nos intérêts actuels avec toutes les puissances de l'Europe, et de diriger les opérations du ministère, qui paroît suivre opiniâtrement sa marche antique et perverse, et ne vouloir pas revenir de ses anciens égaremens.

Secondement, de réquérir le pouvoir exécutif, de ne confier la très-importante défense des frontières, qu'à des généraux vraiment patriotes, avoués de tous les citoyens, qui ne soient point marqués du sceau de la réprobation publique, et qui puissent se flatter d'obtenir la confiance de la nation, et d'une armée, qui a fait éclater les sentimens du patriotisme le plus ardent et le plus épuré.

Troisièment, de supplier le roi de vouloir

bien rappeller, des cours étrangères, tous ceux de ses ministres, qui sont infectés du poison de l'ancien régime, et de renouveller, s'il est nécessaire, tout son corps diplomatique; parce que, lorsque l'on coupe dans le vif pour guérir une profonde playe, il faut tâcher de n'y pas laisser le plus petit point de gangrenne.

De l'Imprimerie de DEVAUX, rue des Boucheries Saint-Honoré, N°. 7.

www.ingramcontent.com/pod-product-compliance
Lightning Source LLC
LaVergne TN
LVHW010306230826
846091LV00007BB/2735